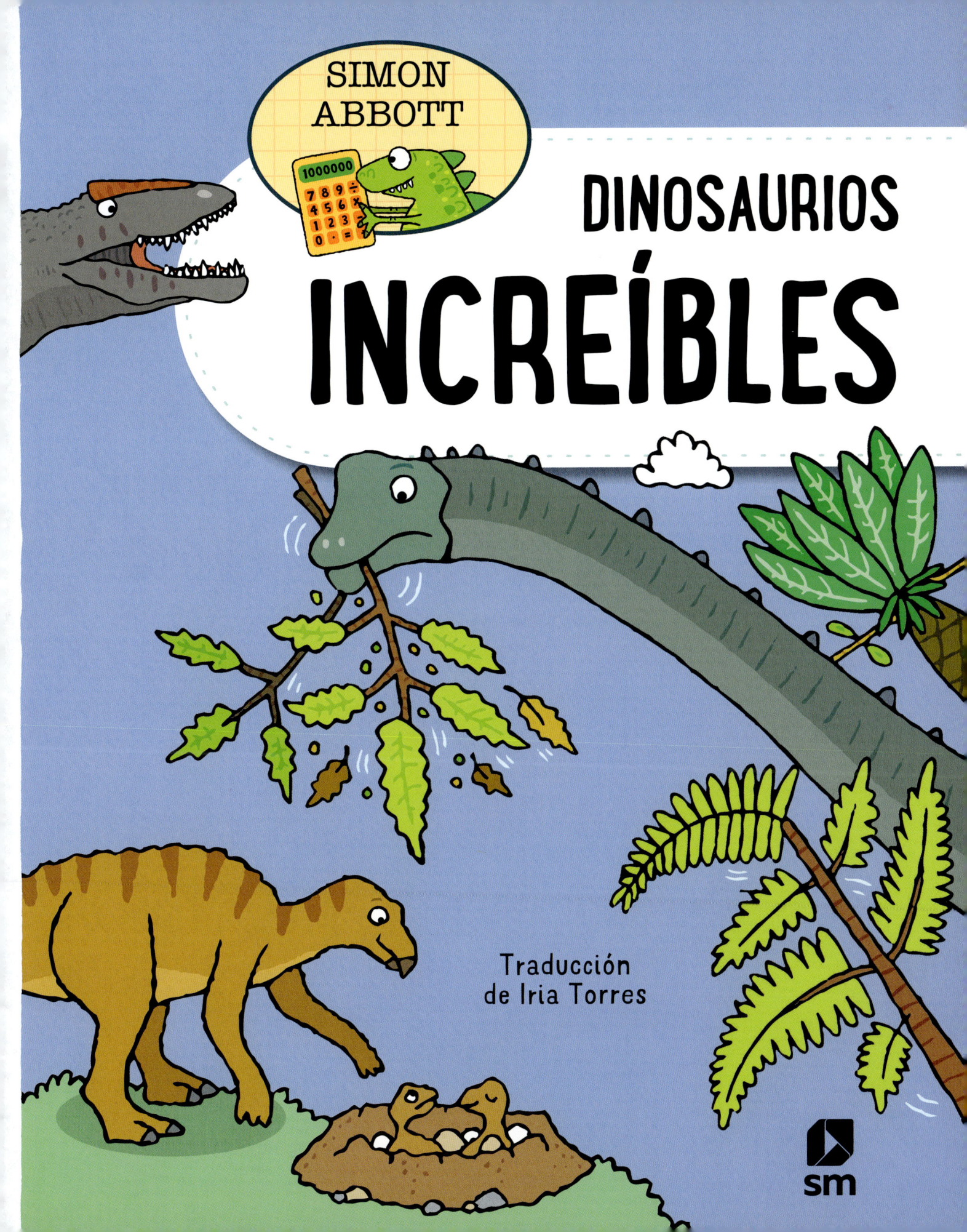

fundación sm

**La Fundación SM destina los beneficios
de las empresas SM a programas
culturales y educativos, con especial
atención a los colectivos
más desfavorecidos.**

Si quieres saber más sobre los programas
de la Fundación SM, entra en
www.fundacion-sm.org

LITERATURA**SM**•COM

Primera edición: mayo de 2026

Dirección editorial: Berta Márquez
Edición ejecutiva: Patrycja Jurkowska

Publicado por primera vez en Reino Unido en 2025
por Wayland, un sello de Hachette Children's Group,
parte de Hodder and Stoughton.

ISBN: 978-84-1055-256-2
Depósito legal: M-23457-2025
Impreso en China / *Printed in China*

MIXTO
Papel | Apoyando la
silvicultura responsable
FSC® C144853
FSC
www.fsc.org

ÍNDICE

¡ADÉNTRATE EN EL INCREÍBLE MUNDO DE LOS DINOSAURIOS!

Estás a punto de retroceder **245 millones** de años para conocer a unas criaturas fascinantes del pasado: ¡los dinosaurios!

Verás algunos dinos tan pesados como **20** hipopótamos juntos y reptiles voladores tan grandes como un avión de combate.

En esta expedición, descubrirás por qué estas magníficas criaturas ya no caminan por el planeta y de qué dinosaurios descienden las aves que vuelan hoy a nuestro alrededor.

ASÍ QUE PASA LA PÁGINA Y EMBÁRCATE EN UNA AVENTURA T-REXCELENTE... ¡A LO LARGO DE **160 MILLONES** DE AÑOS!

VIAJE AL PASADO

Los **dinosaurios** aparecieron en la Tierra hace unos **245 millones** de años. Estas espectaculares criaturas dominaron el planeta durante más de **160 millones** de años, hasta que finalmente se extinguieron, hace unos **65 millones** de años. La historia de la Tierra se divide en eras y periodos. ¡Echa un ojo a la línea del tiempo!

Era mesozoica	**PERIODO TRIÁSICO**	Hace **245 MILLONES** de años	Dinosaurios
	PERIODO JURÁSICO	Hace **201 MILLONES** de años	Dinosaurios
	PERIODO CRETÁCICO	Hace **145 MILLONES** de años	Dinosaurios
Era cenozoica	**PERIODO PALEÓGENO**	Hace **66 MILLONES** de años	Primeros caballos
	PERIODO NEÓGENO	Hace **23 MILLONES** de años	Primeros camellos
	PERIODO CUATERNARIO	Hace **2,5 MILLONES** de años	Primeros homínidos

Hace **245 millones** de años, en la Tierra había un único continente gigante, denominado **Pangea**, rodeado por un enorme océano llamado **Pantalasa**.

Con el tiempo, esta masa de tierra se fragmentó y se fue separando hasta formar los continentes que conocemos hoy.

¡LA TIERRA EN LA ACTUALIDAD!

PANGEA

PANTALASA

¿Te cuesta imaginarlo? Pues, de hecho, ¡los continentes ya se habían unido y separado al menos **tres veces** antes de esa fecha! Nuestro planeta tiene **4.500 millones** de años, así que **200 millones** de años... ¡tampoco es tanto tiempo!

Los geólogos han encontrado rocas idénticas a lo largo de distintos continentes, lo que sugiere que se formaron antes de que estos se separaran. Estas rocas contienen los mismos minerales y se crearon bajo condiciones similares.

Los fósiles del *Mesosaurus*, una especie de dinosaurio, se han descubierto tanto en América del Sur como en África. Estas criaturas vivieron en la Tierra antes de que estos dos continentes se alejaran. De hecho, se han localizado fósiles de dinosaurios en todos los continentes, ¡incluso la Antártida!

Antes de la aparición de los dinosaurios, la Tierra sufrió un gran desastre medioambiental: la **extinción masiva del Pérmico-Triásico**, también conocida como «la gran mortandad».

El **90%** de las especies desaparecieron, y el planeta tardó **10 millones** de años en recuperarse. Solo el **5%** de las especies marinas y el **30%** de los animales terrestres lograron sobrevivir. Además, los arrecifes de coral tardaron otros **14 millones** de años más en recuperarse.

Pero ¿qué provocó esta catástrofe en nuestro planeta?
Bueno, los científicos aún siguen buscando evidencias:
al fin y al cabo, ¡ocurrió hace **250 millones** de años!

La teoría más aceptada es que una serie de erupciones volcánicas liberaron a la atmósfera grandes cantidades de compuestos tóxicos y gases de efecto invernadero. Esto causó un calor intenso y lluvia de cenizas.

Las nubes de polvo ocultaron la luz del sol durante un tiempo, lo que provocó la muerte de numerosas plantas y una disminución de oxígeno en el aire y los océanos.

¿SABÍAS QUE...?

Los científicos creen que los grandes beneficiados de la extinción del Pérmico-Triásico ¡fueron los hongos! En estos años aparecieron unos organismos microscópicos, denominados **reduviasporonitas**, que se extendieron por todo el planeta. Vivían dentro de los **miles de millones** de árboles muertos y en descomposición que cubrían los bosques devastados de la Tierra.

Los investigadores llaman a este crecimiento masivo **pico fúngico**.

¿Qué provocó el reinado de los reptiles y la dominancia de los dinosaurios durante el periodo Triásico? Algunos científicos sostienen que su increíble velocidad les daba una ventaja competitiva, mientras que otros lo atribuyen a su gran variedad de adaptaciones físicas. (¡Más adelante veremos sus enormes garras, crestas, picos y colas o sus dientes superafilados!)

Otra teoría apunta a su extraordinario sistema respiratorio. Se cree que los dinosaurios tenían unos pulmones muy eficientes, similares a los de las aves, que les permitían absorber el **60-65%** del oxígeno que respiraban (frente al **20-25%** de los seres humanos). En las condiciones de bajos niveles de oxígeno que siguieron a la extinción del Pérmico-Triásico, esto les colocó en una posición ventajosa.

¡SIGUE LEYENDO!

EXPEDIENTE DINO

Presta atención: ¡este expediente contiene **información esencial y superimportante** sobre los dinosaurios!

¿Qué significa la palabra «dinosaurio»?

Este término tiene su origen en dos palabras griegas: *deinos* («terrible») y *saurus* («lagarto»). Fue acuñado por Richard Owen, el primer director del Museo de Historia Natural de Londres, en 1842. Después de años estudiando sus fósiles, Owen creó una nueva categoría para estas criaturas, diferenciándolas así de los lagartos modernos.

¿Cómo se pone nombre a los dinosaurios?

Por lo general, los nombres son una combinación de palabras griegas y latinas que describen las características o comportamientos de ese dinosaurio. En ocasiones, también rinden homenaje a su descubridor o al lugar donde aparecieron los restos fosilizados.

Aquí tienes algunos ejemplos:

OVIRAPTOR		Significado: **LADRÓN DE HUEVOS**
DIPLODOCUS		Significado: **DOBLE VIGA**
TRICERATOPS		Significado: **CARA CON TRES CUERNOS**

En el pasado, el descubrimiento de los fósiles desconcertaba a los científicos, pues les faltaba comprensión sobre la evolución y la historia de la Tierra. Antes del desarrollo de la paleontología (el estudio de la vida antigua), la identificación de huesos prehistóricos dio lugar a diversas interpretaciones, ¡a cuál más imaginativa!

Muchos vieron en los fósiles todo tipo de criaturas mitológicas, ¡como unicornios, serpientes marinas, dragones, gigantes y cíclopes!

¿REALIDAD O FICCIÓN?

¿Cuántas especies de dinosaurios existen?

Hay alrededor de **700** especies conocidas de dinosaurios extintos.
Se dividen en dos grupos, según la forma de los huesos de su cadera:

1 — SAURISQUIOS
Tienen la pelvis similar a la de los lagartos.

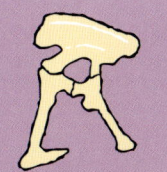

PELVIS DE SAURISQUIO

TERÓPODOS
Dinosaurios exclusivamente carnívoros.

Caminaban sobre **dos** patas fuertes, tenían brazos cortos y garras afiladas.

SAURÓPODOS
Grandes dinosaurios que se alimentaban de plantas, o herbívoros.

Caminaban sobre **cuatro** patas, tenían la cabeza pequeña y el cuello y la cola muy largos, para alcanzar las ramas más altas.

2 - ORNITISQUIOS
Tienen la pelvis similar a la de las aves.

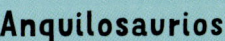

PELVIS DE ORNITISQUIO

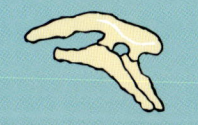

TIREÓFOROS
Entre los que se incluyen:
Estegosaurios
(«lagarto cubierto» o «lagarto con techo»)
Dinosaurios lentos que caminaban a **cuatro** patas.
Su cuerpo estaba cubierto de placas óseas o espinas.

Anquilosaurios
(«lagarto acorazado» o «lagarto rígido»)
Dinosaurio de tamaño pequeño a mediano, con el cuerpo cubierto por una armadura flexible.

CERÁPODOS
Entre los que se incluyen:
Ceratopsios
(«cara con cuernos»)
La mayoría tenían cuernos, coronas óseas o picos extremadamente fuertes.

Ornitópodos
(«pie de ave»)
Estos dinosaurios caminaban y corrían sobre sus dos patas traseras.

Paquicefalosaurios
(«lagarto de cabeza gruesa»)
Dinosaurios de cráneo grueso que se movían despacio sobre sus patas traseras.

Atención: ¡los dinosaurios están de camino! Hay que cambiar el escenario para su llegada: ¿cómo era la vida en la Tierra durante el periodo Triásico?

ÉPOCA: Hace entre **252** y **201 millones** de años.

UBICACIÓN: Pangea.

CLIMA: Cálido y seco, con monzones estacionales.

FAUNA: Los primeros dinosaurios recorren la tierra.

Los reptiles aumentan y se diversifican.

Serpientes, escorpiones, milípedos y centípedos que sobrevivieron a la extinción del Pérmico.

Aparece el primer mamífero, un ejemplar de **10 centímetros de largo** llamado *Morganucodon*. Los océanos están llenos de **amonites, moluscos** y **erizos de mar**.

FLORA: Abundan las coníferas, los ginkgos y los helechos con semillas.

¡UN PLANETA TROPICAL!

Durante el comienzo del periodo Triásico, las temperaturas del planeta alcanzaron niveles nunca vistos. La superficie del océano se calentó hasta los **40 °C** (la media actual es de **17 °C**), mientras que las temperaturas terrestres alcanzaron los **60 °C** (significativamente más altas que la media actual, de **15 °C**).

¿Cuáles fueron los dinosaurios más destacados del Triásico? Vamos a verlo.

EORAPTOR

Nombre común:
eorraptor

DIETA:

Omnívoro (comía plantas y animales). Sus dientes superiores eran largos, afilados y serrados para cortar la carne, mientras que los inferiores eran romos para masticar las plantas más duras.

DATO CURIOSO:

El *Eoraptor* vivió hace unos **228 millones** de años y es uno de los dinosaurios más antiguos que se conocen.

SIGNIFICADO:	«ladrón del amanecer»
LONGITUD:	**1,70 metros**
PESO:	**10 kilos**
HALLAZGO DE FÓSILES:	Argentina

COELOPHYSIS

Nombre común:
celofisis

DIETA:

Carnívoro (comía otros animales). Tenía dientes pequeños y afilados como cuchillos.

DATO CURIOSO:

El *Coelophysis* recibe su nombre por los huesos huecos de sus extremidades, que hacían de él un depredador rápido y ágil.

SIGNIFICADO:	«forma hueca»
LONGITUD:	**2 metros**
PESO:	**27 kilos**
HALLAZGO DE FÓSILES:	EEUU, Zimbabue y China

PLATEOSAURUS

Nombre común:
plateosaurio

DIETA:

Herbívoro (comía plantas).
Su boca tenía dientes para triturar
y un pico duro en forma de cono.

SIGNIFICADO: «lagarto ancho»

LONGITUD: **7 metros**

PESO: **4.000 kilos**

HALLAZGO DE FÓSILES: Alemania y Groenlandia

DATO CURIOSO:

El *Plateosaurus* tenía **cinco** dedos
y una gran garra en el pulgar, que usaba
para buscar comida y defenderse
de los depredadores.

MUSSAURUS

Nombre común:
musaurio

DIETA:

Herbívoro (comía plantas).
Al *Mussaurus* le crecían nuevos
dientes continuamente, que reemplazaban
los que se desgastaban por masticar
plantas del Triásico.

SIGNIFICADO: «lagarto ratón»

LONGITUD: **3 metros**

PESO: **1.000 kilos**
¡Aunque al nacer tenía
el tamaño de una mano!

HALLAZGO DE FÓSILES: Argentina

DATO CURIOSO:

Este dinosaurio se desplazaba a **cuatro**
patas al nacer, pero luego pasaba a **dos**,
igual que los seres humanos. Los *Mussaurus*
eran animales sociales: se han hallado
hasta **100** huevos y huesos de **80** individuos
en un mismo lugar, lo que indica que vivían
en colonias.

COLORADISAURUS

Nombre común:
coloradisaurio

DIETA:
Omnívoro (comía plantas y animales). Caminaba a **cuatro** patas, pero se alzaba sobre las patas traseras para llegar a las ramas más altas.

DATO CURIOSO:
El cráneo de este dinosaurio fue descubierto por el paleontólogo José Fernando Bonaparte en Argentina. Al principio lo llamó *Coloradia*, pero hubo que rebautizarlo, porque ya había una polilla con ese nombre.

SIGNIFICADO:	«lagarto de los colorados»
LONGITUD:	**4 metros**
PESO:	**600 kilos**
HALLAZGO DE FÓSILES:	Argentina

STAURIKOSAURUS

Nombre común:
estauricosaurio

DIETA:
Carnívoro (comía otros animales). Este dinosaurio tenía dientes curvados y afilados y una fuerte mordida. Es probable que el *Staurikosaurus* se alimentase de pequeños vertebrados y aprovechase los restos que dejaban dinosaurios más grandes.

DATO CURIOSO:
Este elegante terópodo tenía una larga cola con más de **40** vértebras, lo que le ayudaría a mantener el equilibrio mientras corría.

SIGNIFICADO:	«lagarto de la Cruz del Sur»
LONGITUD:	**2 metros**
PESO:	**30 kilos**
HALLAZGO DE FÓSILES:	Brasil

TIEMPOS JURÁSICOS

El tiempo sigue corriendo. ¿Qué grandes cambios se produjeron en el periodo Jurásico? ¿Qué nuevos dinosaurios dominaban el paisaje?

ÉPOCA: Hace entre **201** y **145** millones de años.

UBICACIÓN: Pangea se divide en dos masas continentales: Laurasia al norte y Gondwana al sur.

CLIMA: Veranos cálidos e inviernos fríos y oscuros.

Los océanos estaban unos **8 °C** más calientes que hoy día.

FAUNA: Aparecen las primeras aves.

La vida marina es diversa: proliferan los arrecifes, los grandes depredadores marinos y los invertebrados de aguas superficiales.

Entre los insectos, destaca la **crisopa gigante**, con una envergadura de **5 centímetros**; es decir, ¡el doble que las crisopas actuales!

FLORA: Colas de caballo, cícadas y cipreses.

El final del periodo Triásico estuvo marcado por la cuarta extinción masiva que afectó a nuestro planeta. En un intervalo de **18 millones** de años, el **76%** de las especies terrestres y marinas desaparecieron y allanaron el camino a los dinosaurios, que se convirtieron en las criaturas terrestres más poderosas.

MÁS CAMBIOS...

¡Ha llegado la hora de los dinosaurios jurásicos! Vamos a conocerlos:

MEGALOSAURUS

Nombre común:
megalosaurio

DIETA:
Carnívoro (comía otros animales).

DATO CURIOSO:
¡Estos fósiles se encontraron antes de que se supiera qué era un dinosaurio! En 1824, el *Megalosaurus* se convirtió en el **primer** dinosaurio de la historia en recibir un nombre (recuerda que la palabra «dinosaurio» no se inventaría hasta **18** años más tarde).

SIGNIFICADO:	«lagarto grande»
LONGITUD:	**6 metros**
	(la mitad que un *T. rex*)
PESO:	**1.500 kilos**
HALLAZGO DE FÓSILES:	Reino Unido

COMPSOGNATHUS

Nombre común:
compsognato

DIETA:
Carnívoro (comía otros animales).
Se han encontrado restos de lagartos pequeños y ágiles en el vientre de los fósiles de este dinosaurio.

DATO CURIOSO:
Este ejemplar del tamaño de un pollo es uno de los dinosaurios más pequeños. Tenía dos piernas largas, **tres dedos** en cada pie, dientes pequeños y afilados, y una cola larga que le daba equilibrio y estabilidad.

SIGNIFICADO:	«mandíbula elegante»
LONGITUD:	**65 centímetros**
PESO:	**3 kilos**
HALLAZGO DE FÓSILES:	Francia y Alemania

STEGOSAURUS

Nombre común:
estegosaurio

DIETA:
Herbívoro (comía plantas).
También engullía unas piedrecitas,
denominadas **gastrolitos**, que le ayudaban
a descomponer los vegetales más duros
dentro del estómago.

DATO CURIOSO:
Las placas óseas que recorrían su espalda
estaban unidas a su piel y no a su esqueleto.
Los científicos no saben al **100 %** para
qué las usaba... ¿Quizá para ahuyentar
a los depredadores? ¿Para regular el calor
corporal? ¿O para reconocer a los miembros
de su misma especie?

SIGNIFICADO:	«lagarto con tejado»
LONGITUD:	**9 metros** (y un cerebro del tamaño de una ciruela)
PESO:	**1.600 kilos**
HALLAZGO DE FÓSILES:	Estados Unidos

GARGOYLEOSAURUS

Nombre común:
gargolasaurio

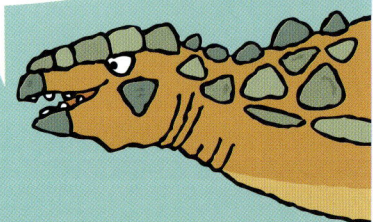

DIETA:
Herbívoro (comía plantas).

DATO CURIOSO:
El *Gargoyleosaurus* es uno
de los **anquilosaurios** más antiguos
conocidos. Su armadura incluía cuernos
en la parte posterior de la cabeza,
púas en los hombros, un escudo pélvico
y placas óseas que descendían por la cola.

SIGNIFICADO:	«lagarto gárgola»
LONGITUD:	**4 metros**
PESO:	**1.000 kilos**
HALLAZGO DE FÓSILES:	Estados Unidos

DIPLODOCUS

Nombre común:
diplodoco

SIGNIFICADO: «viga doble»

LONGITUD: **26 metros**
(casi como una jirafa)

PESO: **15.000 kilos**
(el equivalente a ocho jirafas)

HALLAZGO DE FÓSILES: Estados Unidos

DIETA:

Herbívoro (comía plantas).
El *Diplodocus* tenía un cuello de 6,5 metros de largo, que estiraba para alcanzar la vegetación más alta.

DATO CURIOSO:

Se cree que su cola, que medía la cifra récord de **13 metros** de longitud, tenía un doble propósito: ejercer de contrapeso del cuello y actuar como un látigo para mantener a raya a los depredadores.

SINRAPTOR

Nombre común:
sinraptor

SIGNIFICADO: «ladrón chino»

LONGITUD: **7,6 metros**
(como un elefante africano)

PESO: **1.200 kilos**

HALLAZGO DE FÓSILES: China

DIETA:

Carnívoro (comía otros animales).
Probablemente cazaba dinosaurios jóvenes y herbívoros, a los que hería de muerte con sus dientes como cuchillos.

DATO CURIOSO:

Este superdepredador tenía una mordida tan potente como la del gran tiburón blanco actual. Con su peso, su velocidad, sus musculosos antebrazos y su fuerte mandíbula provista de dientes afilados, el *Sinraptor* era, sin duda, un cazador de campeonato.

GUANLONG

Nombre común:
guanlong

DIETA:
Carnívoro (comía otros animales).

CARACTERÍSTICAS:
El *Guanlong* es conocido por su distintiva cresta craneal. Esta estructura ósea de **6 centímetros** se extendía desde sus fosas nasales hasta las cuencas de sus ojos, y era tan delgada como una tortilla.

SIGNIFICADO:	«dragón crestado»
LONGITUD:	**3 metros**
PESO:	**125 kilos**
HALLAZGO DE FÓSILES:	China

DATO CURIOSO:
Hasta la fecha, se han descubierto **dos** ejemplares en el mismo lugar. Ambos cayeron en la enorme y fangosa huella de un herbívoro gigantesco, ¡y jamás lograron salir!

KENTROSAURUS

Nombre común:
quentrosaurio

DIETA:
Herbívoro (comía plantas).
No tenía dientes, pero sí contaba con un pico córneo para masticar una mezcla de plantas y arbustos.

SIGNIFICADO:	«lagarto con púas»
LONGITUD:	**5 metros**
PESO:	**1.600 kilos**
	(como un coche mediano)
HALLAZGO DE FÓSILES:	Tanzania

DATO CURIOSO:
Las placas que recorrían la espalda del *Kentrosaurus* se convertían en púas en su cadera y su cola. Se cree que podría haberlas utilizado como una poderosa arma defensiva, ¡y que movía la cola a **130 km/h**!

SCELIDOSAURUS

Nombre común:
esquelidosaurio

DIETA:
Herbívoro (comía plantas).
El *Scelidosaurus* se alimentaba de plantas bajas, seguramente en combinación con frutas y algas.

SIGNIFICADO: «lagarto de una extremidad»
LONGITUD: **4 metros**
(y una cabeza más pequeña que el lomo de este libro)
PESO: **270 kilos**
HALLAZGO DE FÓSILES: Reino Unido

DATO CURIOSO:
El *Scelidosaurus* fue el primer dinosaurio completo en ser identificado. El dueño de una cantera, James Harrison, encontró los primeros restos hace más de **170 años** y se los envió al paleontólogo Richard Owen (¿te acuerdas de él?) para su identificación.

DILOPHOSAURUS

Nombre común:
dilofosaurio

DIETA:
Carnívoro (comía a otros animales).
El *Dilophosaurus* fue uno de los depredadores más fieros de su época. Usaba su muesca mandibular, un hueco en la mandíbula superior, para agarrar a sus presas. Los cocodrilos modernos poseen un rasgo similar.

SIGNIFICADO: «lagarto con cresta doble»
LONGITUD: **6 metros**
PESO: **300 kilos**
HALLAZGO DE FÓSILES: Estados Unidos

DATO CURIOSO:
Los paleontólogos creen que la cresta del *Dilophosaurus* era de colores brillantes para exhibirse delante de una pareja potencial. La cresta era de hueso fino y podría haber estado cubierta de **queratina** (el mismo material del que están hechas las uñas de tus dedos).

¡La cuenta atrás para el Cretácico ha comenzado! ¿Qué aspecto tendría la Tierra si retrocediésemos 145 millones de años?

ÉPOCA: Hace entre **145** y **166 millones** de años.

UBICACIÓN: Al final del periodo Cretácico, los continentes se desplazaron hacia las posiciones que vemos hoy en los mapas.

CLIMA: Temperaturas cálidas, con poco o ningún hielo en los polos.

FAUNA: En la superficie terrestre, cualquier criatura de más de **1 metro** era un dinosaurio. En el cielo ya volaban las aves, y unos grandes reptiles marinos, llamados mosasaurios, prosperaban en los océanos cálidos.
Las abejas polinizadoras entraron en escena, poco después de la aparición de las primeras plantas con flores.

FLORA: Los bosques polares estaban poblados de coníferas, que sobrevivían en total oscuridad durante cuatro meses al año. Las angiospermas (plantas con flores) eran parte importante del paisaje en el periodo Cretácico.

GRANDES CAMBIOS

Entre el periodo Jurásico y el Cretácico no hubo ninguna extinción masiva.

Sin embargo, en esta época se dieron cambios ecológicos complejos: el clima global pasó de seco a húmedo, y hay evidencias de grandes impactos de asteroides y erupciones volcánicas masivas.

¿Y cuáles fueron los dinosaurios más destacados del Cretácico? Vamos a conocerlos:

TRICERATOPS

Nombre común:
tricerátops

DIETA:

Herbívoro (comía plantas).
El *Triceratops* tenía hasta **800** dientes, ordenados en filas verticales. A medida que los dientes viejos se desgastaban, los nuevos eran empujados hacia adelante.

SIGNIFICADO: «cara con tres cuernos»

LONGITUD: **9 metros**
(como dos cocodrilos)

PESO: **5.500 kilos**

HALLAZGO DE FÓSILES: Estados Unidos

DATO CURIOSO:

La gola ósea (o volante) podría haber ayudado a este dinosaurio a proteger su cuello de las fauces de los depredadores. También se cree que podría haberla utilizado para atraer a parejas potenciales.

ARGENTINOSAURUS

Nombre común:
argentinosaurio

DIETA:

Herbívoro (comía plantas).
Arrancaba las hojas de los árboles más altos y engullía cerca de **550 kilos** de plantas al día.

SIGNIFICADO: «lagarto de Argentina»

LONGITUD: **35 metros**
(como cuatro camiones de bomberos en fila)

PESO: **70.000 kilos**
(uno de los herbívoros más grandes, aunque pesaba menos que una ballena azul)

HALLAZGO DE FÓSILES: Argentina

DATO CURIOSO:

El primer fósil que se encontró de un *Argentinosaurus* fue una vértebra (un hueso de la columna vertebral). Medía 159 centímetros, algo asombroso en comparación con una vértebra humana, que, de media, apenas supera los **2 centímetros**.

VELOCIRAPTOR

Nombre común:
velocirraptor

DIETA:

Carnívoro (comía otros animales).
Estos depredadores perseguían a sus presas a casi **40 km/h**.
El arma secreta del *Velocirraptor* eran unas garras superafiladas de **8 centímetros** que lucía en el segundo dedo de cada pie.

DATO CURIOSO:

Los científicos creen que este era un dinosaurio con plumas. Entonces, ¿podía volar? Pues no. Lo más probable es que las plumas sirviesen para conservar el calor corporal ¡o para deslumbrar a una pareja potencial!

SIGNIFICADO: «ladrón veloz»
LONGITUD: **1,8 metros**
(pero tan alto como un pavo)
PESO: **7 kilos**
HALLAZGO DE FÓSILES: Mongolia

EDMONTOSAURUS

Nombre común:
edmontosaurio

DIETA:

Herbívoro (comía plantas).
En el estómago de los fósiles del *Edmontosaurus* se han hallado agujas de coníferas, ramitas y semillas.
Este dinosaurio tenía más de **1.000** dientes, dispuestos en filas y columnas.

DATO CURIOSO:

Una cría de *Edmontosaurus* pesaba casi tanto como un bebé humano, aunque era el **doble** de larga debido a que la **mitad** de su cuerpo estaba formada por una cola larga y liviana.

SIGNIFICADO: «lagarto de Edmonton» (por el lugar en el que fue descubierto)
LONGITUD: **13 metros**
PESO: **3.400 kilos**
(casi como un hipopótamo)
HALLAZGO DE FÓSILES: Canadá

TROODON

Nombre común:
trodón

SIGNIFICADO: «diente que hiere»

LONGITUD: **2 metros**

PESO: **40 kilos** (y con un cerebro del tamaño de una pelota de golf)

HALLAZGO DE FÓSILES: Estados Unidos

DIETA:
Carnívoro (comía otros animales).
Un cerebro grande equivale a una vista excepcional, un oído agudo y un olfato superior: rasgos excelentes para un dinosaurio depredador. El *Troodon* poseía unos ojos grandes y orientados al frente, lo que le habría permitido cazar de noche.

DATO CURIOSO:
El gran cerebro de este dinosaurio y su costumbre de anidar sugieren que el *Troodon* podría ser el eslabón evolutivo entre sus antepasados cocodrilianos y sus posteriores parientes aviares.

ANKYLOSAURUS

Nombre común:
anquilosaurio

SIGNIFICADO: «lagarto acorazado»

LONGITUD: **8 metros**

PESO: **1.200 kilos**
(como dos hipopótamos)

HALLAZGO DE FÓSILES: Estados Unidos

DIETA:
Herbívoro (comía plantas).
Este dinosaurio engullía en un día **50 kilos** de plantas.

DATO CURIOSO:
El cuerpo del *Ankylosaurus* estaba protegido por una armadura de placas óseas, que a su vez estaban recubiertas de una resistente capa de queratina. ¡Tenía placas defensivas hasta en los párpados!

TYRANNOSAURUS REX

Nombre común:
tiranosaurio rex

DIETA:
Carnívoro (comía otros animales).
Con **60** dientes afilados como cuchillas, cada uno de **20 centímetros** de largo, y una mordida capaz de triturar huesos y tres veces más fuerte que la de un león, el *Tyrannosaurus rex* es una de las criaturas más aterradoras de todos los tiempos.

DATO CURIOSO:
Una gran parte del cerebro del **T. rex** estaba dedicada al olfato: tenía tantas «células olfativas», o receptores olfativos, como un gato doméstico. Pero este superdepredador no era especialmente rápido: los expertos calculan que el *Tyrannosaurus rex* solo podía correr detrás de su presa a unos tranquilos **19 km/h**.

SIGNIFICADO:	«lagarto tirano»
LONGITUD:	**12 metros** (como un autobús)
PESO:	**7.000 kilos**
HALLAZGO DE FÓSILES:	Canadá

PARASAUROLOPHUS

Nombre común:
parasaurolofo

DIETA:
Herbívoro (comía plantas).

DATO CURIOSO:
El *Parasaurolophus* es famoso por su extraordinaria cresta de **1,5 metros**. Un ingenioso paleontólogo estudió la disposición de los conductos dentro de la cresta y la recreó usando tubos de plástico. Después, sopló a través de ellos y emitió un bramido fuerte y grave, similar al de la bocina de un barco. No se sabe con certeza para qué utilizaba este sonido el *Parasaurolophus*.

SIGNIFICADO:	«casi un lagarto crestado»
LONGITUD:	**9 metros**
PESO:	**5.000 kilos** (más que dos rinocerontes)
HALLAZGO DE FÓSILES:	Canadá

OVIRAPTOR

Nombre común:
ovirraptor

DIETA:

Carnívoro (comía otros animales).
Probablemente, este dinosaurio sobrevivía
a base de moluscos y crustáceos, que abría
con su pico sin dientes.

SIGNIFICADO:	«ladrón de huevos»
LONGITUD:	**2 metros**
PESO:	**36 kilos**
HALLAZGO DE FÓSILES:	Mongolia

DATO CURIOSO:

No te dejes engañar por el nombre
de este dinosaurio. Al igual que las aves,
el *Oviraptor* incubaba y cuidaba los huevos
de sus crías, ¡pero no robaba huevos ajenos!

GIGANTORAPTOR

Nombre común:
gigantorraptor

DIETA:

El *Gigantoraptor* era un dinosaurio
sin dientes, de cabeza pequeña y cuello
largo, lo que indica que se alimentaba de
plantas. Sin embargo, ¡tenía garras afiladas
de carnívoro! Lo más probable es que se
alimentase tanto de plantas como de carne.

SIGNIFICADO:	«ladrón gigante»
LONGITUD:	**8 metros** (el dinosaurio con pico más grande conocido)
PESO:	**2.000 kilos** (más que una jirafa)
HALLAZGO DE FÓSILES:	Mongolia

DATO CURIOSO:

¡El *Gigantoraptor* fue descubierto frente
a las cámaras! Durante la grabación
de un documental, el equipo de televisión
le pidió al paleontólogo Xu Xing que recreara
el descubrimiento de un saurópodo.
Xu excavó un fémur y, mientras lo limpiaba,
se dio cuenta de que el hueso no pertenecía
a un saurópodo, ¡sino a un terópodo gigante
aún no identificado!

FESTÍN DE DINOSAURIOS

Veamos algunos datos sobre la dieta de los dinosaurios. ¿Cómo mantenían su nivel de energía estas criaturas colosales?

Según su tipo de alimentación, los dinosaurios se pueden dividir en tres grupos principales:

HERBÍVOROS
Aquellos que se alimentaban principalmente de plantas, como el *Archaeoceratops*.

CARNÍVOROS
Aquellos que depredaban principalmente a otros animales, como el *Allosaurus*.

OMNÍVOROS
Aquellos que seguían una dieta mixta de plantas y animales; por ejemplo, el *Gigantoraptor*.

Investigaciones recientes sugieren que el *Spinosaurus* podría haber sido un cazador acuático. Este dinosaurio de **18 metros** estaba perfectamente adaptado al agua, con una estructura ósea densa, una cola ancha con forma de remo para propulsarse y unas afiladas garras de **16,5 centímetros** para atrapar peces escurridizos.

PESCADOR NATO

DIETA DIARIA

Se calcula que un **T. rex** adulto necesitaba la misma cantidad de calorías diarias que **80** seres humanos.

Eso equivale a **140 kilos** de carne (unos 43 pollos) cada día.

El estudio de los dientes de un dinosaurio permite determinar el tipo de alimento que consumía. Los dinosaurios carnívoros solían tener mandíbulas fuertes y dientes largos, afilados y curvados hacia dentro, para sujetar a sus presas y desgarrar la carne.

DIENTES DEL GIGANOTOSAURUS

El *Giganotosaurus*, por ejemplo, tenía **76** dientes aserrados, cada uno de más de **20 centímetros** de largo.

Su cráneo medía casi lo mismo que tu cama, y podía alcanzar hasta **50 km/h** mientras perseguía a su presa.

Los científicos creen que este depredador cazaba grandes dinosaurios herbívoros, ¡e incluso han encontrado restos de un *Argentinosaurus* entre sus dientes!

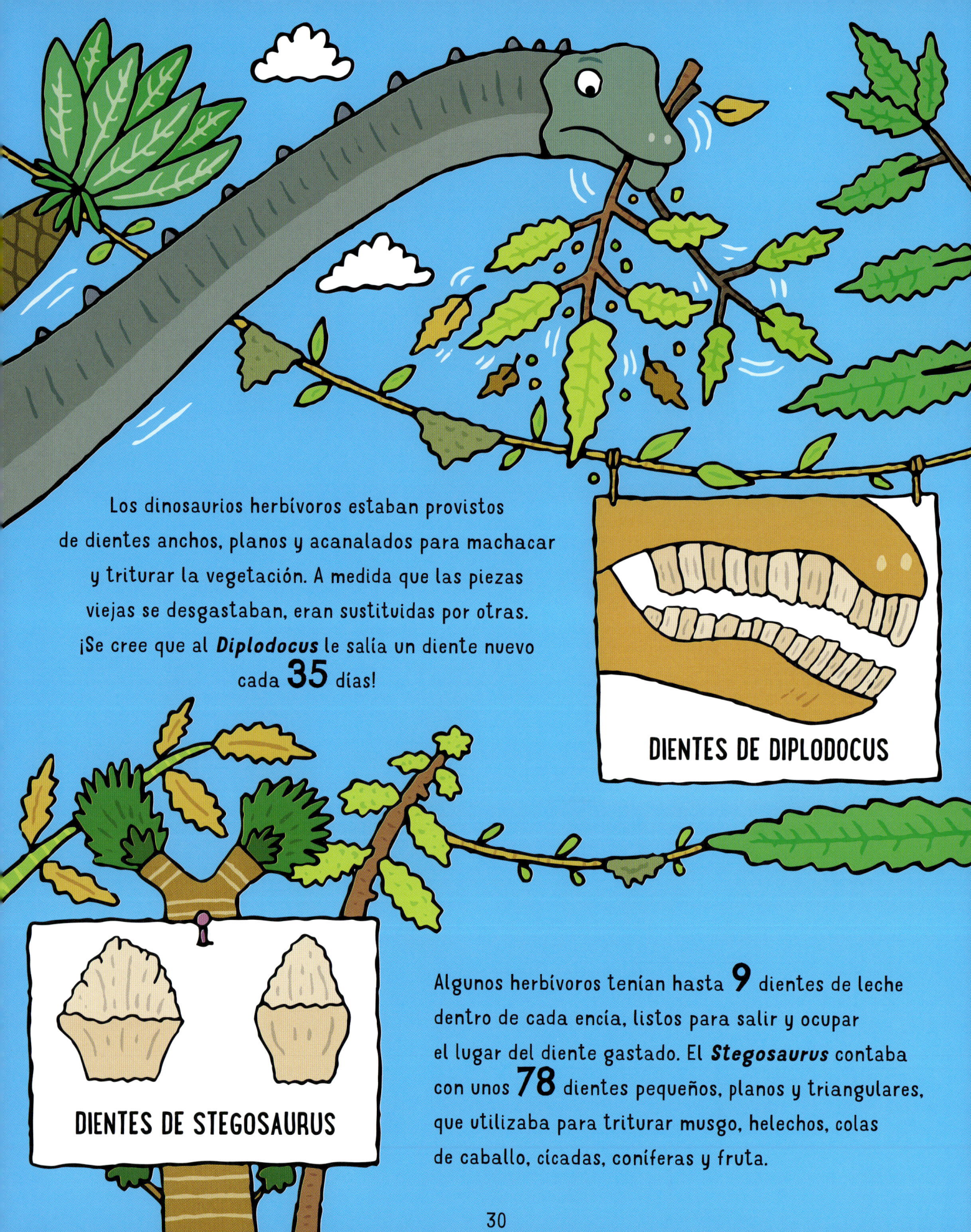

Los dinosaurios herbívoros estaban provistos de dientes anchos, planos y acanalados para machacar y triturar la vegetación. A medida que las piezas viejas se desgastaban, eran sustituidas por otras. ¡Se cree que al *Diplodocus* le salía un diente nuevo cada **35** días!

DIENTES DE DIPLODOCUS

DIENTES DE STEGOSAURUS

Algunos herbívoros tenían hasta **9** dientes de leche dentro de cada encía, listos para salir y ocupar el lugar del diente gastado. El *Stegosaurus* contaba con unos **78** dientes pequeños, planos y triangulares, que utilizaba para triturar musgo, helechos, colas de caballo, cícadas, coníferas y fruta.

Además de dientes para triturar, muchos dinosaurios herbívoros desarrollaron cuellos increíblemente largos para alcanzar las hojas y ramas de los árboles más altos.

Se cree que el cuello del *Mamenchisaurus sinocanadorum* medía **15 metros** de largo; es decir, ¡ocho veces más que el de una jirafa!

Los escáneres han revelado que, para sostener un cuello tan largo, los huesos estaban llenos de sacos aéreos, una característica similar a la que tienen algunas aves actuales, como las cigüeñas o los cisnes.

UNA DIGESTIÓN PESADA

Muchos dinosaurios herbívoros se tragaban unas piedras, llamadas **gastrolitos**, que ayudaban a triturar la comida a sus fuertes músculos estomacales. Este método sigue siendo común hoy día entre cocodrilos, focas, leones marinos y aves que se alimentan de plantas. Los gastrolitos prehistóricos llegaban a medir hasta **10 centímetros**.

Para analizar la dieta de los dinosaurios, los científicos estudian sus dientes, sus garras, sus gastrolitos... ¡e incluso su caca!

Las heces fosilizadas se denominan **coprolitos**, y las hay de todas las formas y tamaños, desde **unos pocos milímetros** hasta más de **60 centímetros**.

Su forma puede revelar el tipo de animal del que provienen; por ejemplo, se cree que un tiburón prehistórico con los intestinos en forma de espiral habría dejado excrementos con esa misma forma.

LA DETECTIVE DE LA CACA

Cuando hablamos de descubrimientos de coprolitos, debemos dar las gracias a Mary Anning, la famosa cazadora de fósiles.

Hace más de **200 años**, Mary se convirtió en la primera persona en analizar estos fósiles y descubrir en su interior restos de huesos, escamas y peces. Hoy, su revolucionario trabajo se puede ver expuesto en el Museo de Historia Natural de Londres.

El mayor coprolito de dinosaurio carnívoro hallado hasta la fecha pesa **9,28 kilos** y mide **67,5 centímetros** de largo; es decir, la longitud de cuatro plátanos.

En cuanto a los herbívoros, los científicos han hecho cálculos y han determinado que un *Argentinosaurus* generaría unos **400 kilos** de caca al día. ¡Eso equivale al peso de **60** sandías!

EL ENIGMA DE LOS HUEVOS

Hasta donde sabemos, todos los dinosaurios llegaron al mundo de la misma manera: ¡salieron de un huevo! Veamos qué secretos esconden los huevos de estos animales.

Según las pruebas fósiles, algunos dinosaurios desarrollaron un diente de huevo, que utilizaban para romper el cascarón cuando llegaba el momento de la eclosión, igual que hacen las aves modernas.

Los huevos de dinosaurio más grandes que se conocen pertenecieron al *Hypselosaurus priscus*. Estos huevos gigantescos medían **30 centímetros** de largo y **25,5 centímetros** de diámetro, ¡más que un balón de fútbol!

Siempre se ha asumido que todos los dinosaurios ponían huevos con cáscara dura y gruesa. Sin embargo, una nueva investigación ha revelado que los huevos de los primeros dinosaurios eran blandos y con una textura de cuero, igual que los de las tortugas modernas.

¿DUROS O BLANDOS?

UN DESCUBRIMIENTO ALUCINANTE

Uno de los criaderos de dinosaurios más grandes se encontró hace poco en el valle de Narmada, en la India. Los paleontólogos desenterraron **92** nidos que contenían **250** huevos fosilizados de *Titanosaurus*, el dinosaurio más grande conocido.

Hace **30** años, al sur de los Pirineos, se descubrió otro enorme criadero con más de **300.000** huevos. Un equipo de investigadores españoles y franceses localizaron una gran cantidad de fragmentos de cáscara, huevos enteros y diminutos huesos de dinosaurio en unas montañas que, en el pasado, formaron la orilla de un antiguo mar.

Pero ¿acaso los dinosaurios incubaban sus huevos como las aves modernas? Esta cuestión ha desconcertado a los científicos durante años.

El misterio se resolvió en 1995, con el descubrimiento de un fósil de *Oviraptor* del tamaño de un emú. Este espécimen, apodado «Big Mama» (en inglés, «mamá grande»), fue hallado en Mongolia acurrucado sobre su nido, protegiendo una nidada de huevos.

Pero el premio a la mejor crianza es para el *Maiasaura*, un dinosaurio con pico de pato cuyo nombre significa «lagarto buena madre». Las pruebas fósiles demuestran que, después de salir del cascarón, las crías se quedaban en el nido, donde eran alimentadas y cuidadas por sus padres. Estos dinosaurios crecían rápido y alcanzaban su tamaño adulto, **6 metros** de altura (tres veces la de una puerta), cuando cumplían ocho años.

COLEGAS PREHISTÓRICOS

Los dinosaurios no eran los únicos animales que merodeaban por el planeta en la Prehistoria. ¿Te atreves a conocer a las extrañas y maravillosas criaturas que vivieron a su lado?

Para empezar, debemos retroceder **300 millones** de años, antes de la aparición de los dinosaurios. Te sorprenderás (y te horrorizarás) al encontrarte con algunos insectos colosales...

¿Te imaginas a la *Meganeura monyi*, una libélula con una envergadura de **75 centímetros?**

Si miras al suelo, verás cómo se retuerce el *Arthropleura armata*, un milpiés gigantesco de **2,5 metros** de largo. ¡Como **cuatro** perros salchicha en fila!

O quizá prefieras enfrentarte con el *Pulmonoscorpius*, uno de los escorpiones más grandes que han existido. Este enorme ejemplar alcanzaba una impresionante longitud de **70 centímetros**, ¡como cinco teléfonos móviles puestos uno detrás de otro!

Las abejas evolucionaron de avispas depredadoras que vivieron hace **120 millones** de años, durante el periodo Cretácico. Los fósiles conservados en **ámbar**, una resina de árbol fosilizada, nos permiten estudiar a estos insectos primitivos, cuyo ejemplar más antiguo tiene **100 millones** de años.

TOMA DATO, REINA

Los hallazgos fósiles han sacado a la luz una colección de pequeños mamíferos que convivieron con los dinosaurios.

¡Mira arriba! Es un *Volaticotherium*. Este mamífero volador de **14 centímetros** de largo planeaba por los bosques prehistóricos gracias a una membrana de piel con forma de ala que se extendía entre su cuerpo y sus extremidades.

El mamífero más antiguo conocido es el *Morganucodon*, una criatura de **10 centímetros** de largo parecida a una musaraña y que evolucionó hace unos **210 millones** de años. Se cree que ponía huevos pequeños y de textura similar al cuero, y se alimentaba de escarabajos y otros insectos.

El *Kayentatherium*, un mamífero herbívoro del tamaño de un gato, vivió en el Jurásico inferior, hace unos **196 millones** de años. Los fósiles han demostrado que esta criatura paría camadas de hasta **38** crías, un número que supera en más del **doble** a las de los mamíferos modernos.

El *Litovoi*, un mamífero del tamaño de una rata, sobrevivió a la extinción de los dinosaurios, aunque se extinguió hace unos **35 millones** de años. Pero no es famoso por esto, sino por tener una de las proporciones cerebro-cuerpo más pequeñas de todos los mamíferos (vamos, ¡que su cerebro era minúsculo en comparación con el tamaño de su cuerpo!).

Los **pterosaurios** eran unos reptiles voladores que surcaban los cielos en los tiempos prehistóricos. Echemos un vistazo más de cerca a algunos de los especímenes más destacados.

Uno de los pterosaurios más antiguos conocidos es el *Dimorphodon*. Esta criatura del tamaño de un buitre tenía una envergadura de **1,7 metros**, una cola larga para mantener el equilibrio y garras muy afiladas.

Dentro de su cráneo, unos grandes orificios llenos de aire aligeraban el peso de su enorme cabeza.

El *Ornithocheirus* medía **6 metros** de envergadura.

Este pterosaurio tenía una cresta ósea, o «quilla», en el extremo del hocico. Podría haberle servido para abrir las conchas de los crustáceos, para atraer a una pareja o para ahuyentar a otros pterosaurios rivales.

El *Rhamphorhynchus*, del tamaño de una gaviota, poseía **34** dientes afilados como agujas para atrapar peces e insectos.

Una vez atrapada, la presa iba a parar a un saco interno en su garganta que, según creen los científicos, utilizaba para almacenar alimento.

El animal volador más grande de todos los tiempos fue el *Quetzalcoatlus northropi*.

Con una envergadura del ancho de un avión de combate, este pterosaurio saltaba **2,5 metros** en el aire para tomar impulso y elevarse.

Y tú, ¿cuánto puedes saltar?

El *Quetzalcoatlus* tenía un pico con forma de palillos chinos, por lo que se cree que comía como una garza, sacando peces y reptiles del agua y tragándolos enteros.

Vamos a sumergirnos para conocer a los depredadores prehistóricos que se escondían en las profundidades del océano.

Los **ictiosaurios** aparecieron por primera vez hace unos **250 millones** de años, y sobrevivieron hasta finales del Cretácico.

Estos reptiles marinos fueron de los animales más grandes que han existido jamás, con una longitud de más de **20 metros** y un peso de unos **80.000 kilos.**

Es decir, **nueve veces** más que un *Tyrannosaurus rex.*

El **plesiosaurio** era un estilizado reptil marino que nadaba hace unos **215 millones** de años en mares cálidos, donde cazaba calamares, peces y almejas.

Su cuello, que ocupaba más de la mitad de su cuerpo de **13 metros** de largo, tenía **76** huesos, o vértebras, mientras que los humanos solo tenemos **siete.**

Su primo, el **pliosaurio**, tenía un cuello más corto, pero lo compensaba con una enorme cabeza de **3 metros** de largo.

Este feroz depredador era tres veces más largo que un gran tiburón blanco, ¡y pesaba tanto como **28** de ellos! Podía alcanzar velocidades de hasta **10 km/h** utilizando sus aletas para impulsarse por el agua.

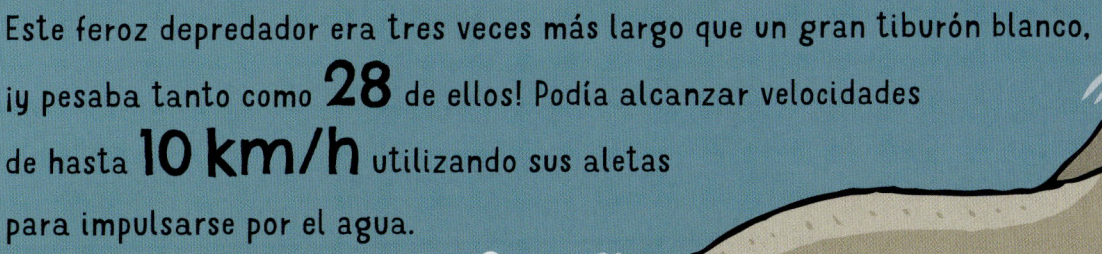

El *Deinosuchus* es un reptil extinto estrechamente emparentado con los cocodrilos y los caimanes. Su nombre significa «cocodrilo terrible», y con razón: el ejemplar más grande encontrado hasta la fecha medía casi **12 metros** de largo y tenía **30** dientes afilados, ¡cada uno del tamaño del pulgar de una persona adulta!

VIVITAS Y COLEANDO

Las **tortugas marinas** son de las criaturas más antiguas de la Tierra. El *Archelon*, una tortuga marina extinta que se considera la más grande conocida, medía **4,6 metros** desde la cabeza hasta la cola. En comparación, la tortuga laúd actual puede llegar a medir hasta **2 metros** de largo.

EL FIN DE UNA ERA

Como ocurre con cualquier acontecimiento que tuvo lugar hace millones de años, es imposible estar al **100%** seguros de cada detalle. Sin embargo, una cosa que sabemos con certeza es que los dinosaurios se extinguieron. Entonces, ¿cómo se produjo exactamente su desaparición?

Hace **66 millones** de años, un asteroide de **entre 10 y 15 kilómetros** de ancho impactó contra la Tierra. Esta colisión devastadora creó un cráter de **150 kilómetros** de diámetro, ¡casi la misma distancia que hay de Sevilla a Córdoba! El asteroide está enterrado en el lecho marino frente a la costa mexicana y tiene exactamente la misma edad que la extinción de los dinosaurios no aviares.

Este impacto provocó que una gran cantidad de escombros fuera lanzada a la atmósfera, lo que bloqueó la luz solar y redujo el crecimiento de las plantas. Como consecuencia, los dinosaurios herbívoros tuvieron dificultades para encontrar alimento y los carnívoros se quedaron sin presas que cazar.

Curiosamente, las investigaciones sugieren que, si el asteroide hubiera impactado contra la Tierra tan solo unos minutos más tarde, ¡algunos dinosaurios aún podrían seguir existiendo! La roca habría caído en las profundidades del océano, lo que habría evitado que los escombros ascendieran a la atmósfera y bloquearan el sol.

CUESTIÓN DE MINUTOS

¡POR AQUÍ!

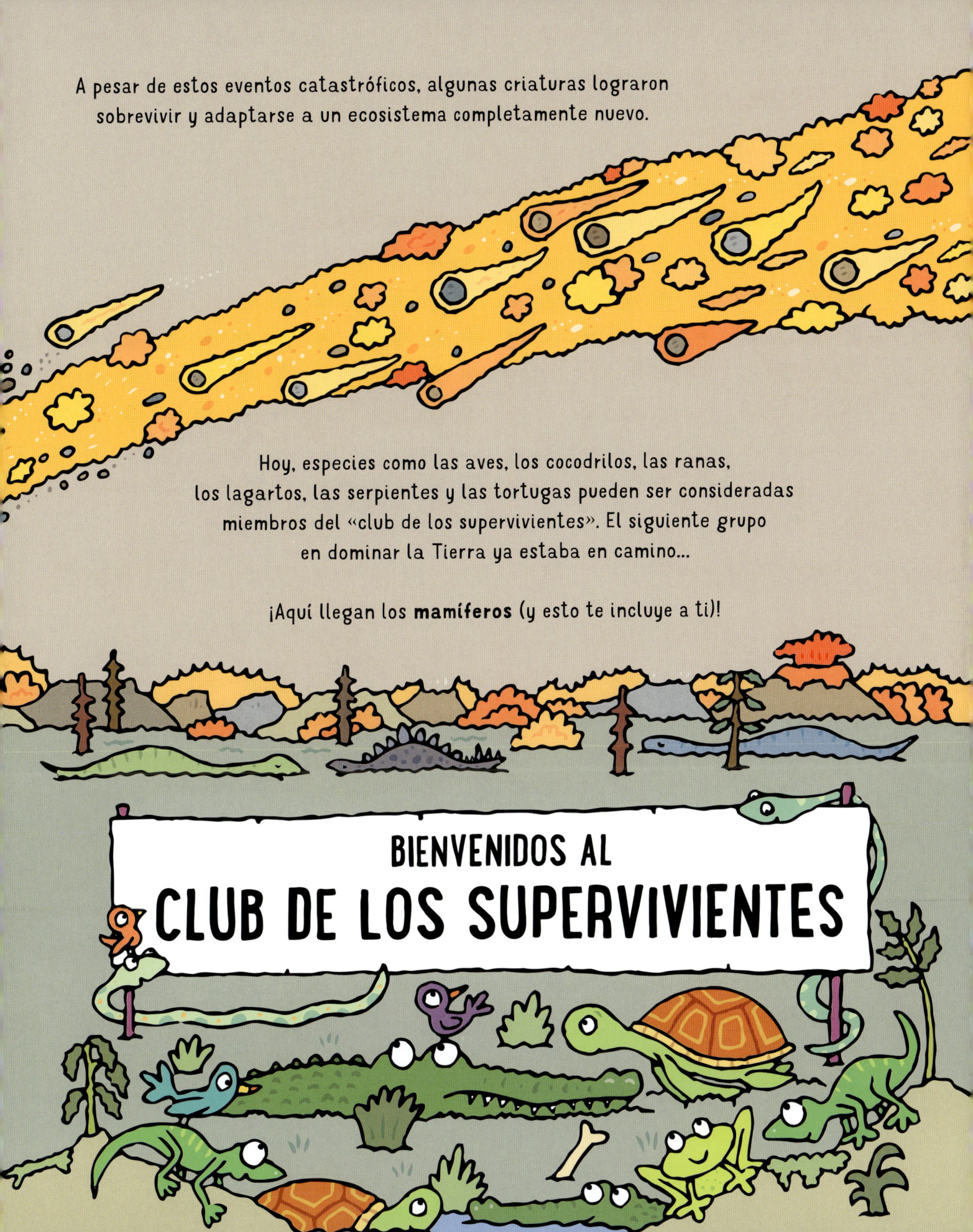

A pesar de estos eventos catastróficos, algunas criaturas lograron sobrevivir y adaptarse a un ecosistema completamente nuevo.

Hoy, especies como las aves, los cocodrilos, las ranas, los lagartos, las serpientes y las tortugas pueden ser consideradas miembros del «club de los supervivientes». El siguiente grupo en dominar la Tierra ya estaba en camino...

¡Aquí llegan los **mamíferos** (y esto te incluye a ti)!

BIENVENIDOS AL
CLUB DE LOS SUPERVIVIENTES

Entonces, ¿cómo sabemos tanto sobre estas increíbles criaturas antiguas?

Los paleontólogos exploran la vida de hace **millones** de años estudiando fósiles.

PISTAS FÓSILES:

- **Huellas de pisadas**
  Las más grandes miden
  1,7 metros de ancho,
  son de un herbívoro y se hallaron
  en Australia.

- **Impresiones de piel**

- **Huevos**

- **Coprolitos**

FÓSILES CORPORALES:

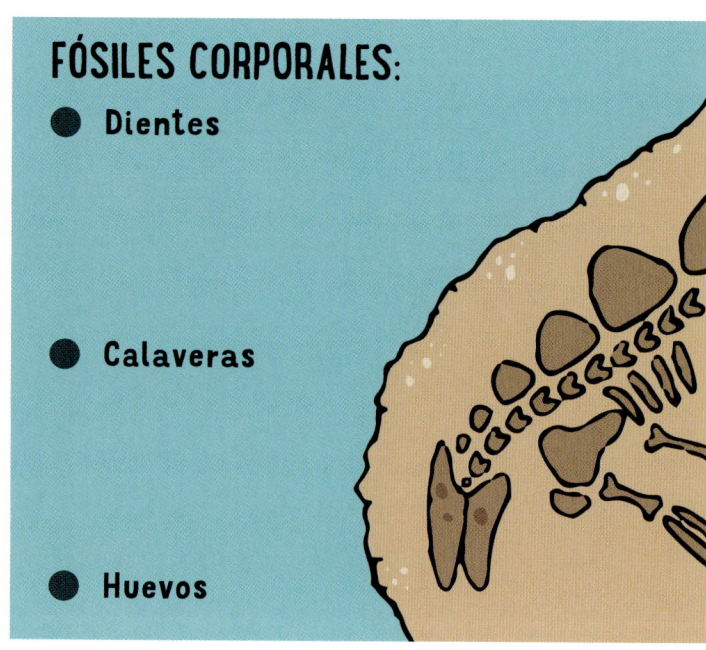

- **Dientes**

- **Calaveras**

- **Huevos**

¿CÓMO SE FORMA UN FÓSIL?

1 Cuando un animal muere, sus tejidos blandos se descomponen. Solo las partes duras, como el esqueleto, permanecen.

2 El esqueleto queda enterrado por capas de pequeñas partículas de rocas, llamadas sedimentos.

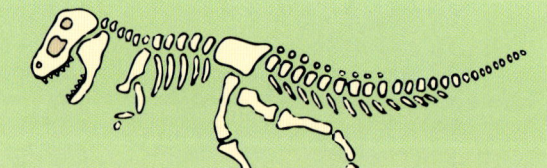

3 Las capas se van superponiendo y, con el tiempo, la presión transforma los sedimentos en roca.

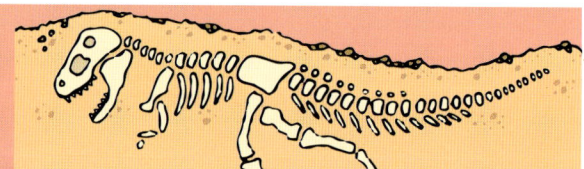

4 El agua se filtra a través de la roca, depositando minerales que reemplazan el material del hueso y creando una «copia de piedra» del esqueleto original.

A esta copia se le llama **fósil**.

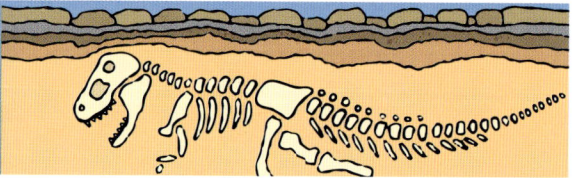

Se han encontrado restos de dinosaurios en todos los continentes de la Tierra, e incluso en la Antártida. Estos son algunos de los focos de fósiles principales:

OESTE DE AMÉRICA DEL NORTE

Esta región es el hogar de los primeros descubrimientos de *Stegosaurus* y *Brontosaurus*.

Se han encontrado más de **90** especies de dinosaurios diferentes en un solo parque nacional: el Parque Nacional Big Bend, en Texas.

CHINA

Entre los hallazgos recientes se encuentra el *Sinosauropteryx* emplumado, que ha permitido a los paleontólogos revisar la evolución de los dinosaurios y las aves.

Además, se han descubierto **4.300** huellas de dinosaurio en la ciudad de Zhangjiakou. A partir de ellas, los paleontólogos pueden calcular la longitud, el peso y la velocidad de estos animales.

ARGENTINA

Uno de los hallazgos más recientes ha sido el gigantesco *Chucarosaurus diripienda*, que pesaba **50** toneladas y tenía una longitud similar a la de una ballena azul. Los huesos de este ejemplar eran tan grandes que el camión que los transportaba al laboratorio volcó. (Los huesos se mantuvieron intactos, pero la carretera resultó dañada).

DOS CEREBROS

Cuando se descubrió el primer *Stegosaurus*, hace casi **150** años, a los paleontólogos les costó creer que una criatura tan grande estuviera equipada con un cerebro del tamaño de un pájaro.

Se llegó a decir que el estegosaurio tenía un segundo cerebro cerca de su parte trasera, el cual utilizaba para controlar su cola.

Echa un vistazo a estas palabras del libro.
¡Te resultarán útiles para escribir sobre tus criaturas prehistóricas favoritas!

Amonites
Criaturas marinas, ya extintas,
con una concha externa en espiral.

Angiosperma
Nombre que reciben las plantas con flores.

Anquilosaurio
Grupo de dinosaurios acorazados.

Asteroide
Pequeño objeto rocoso que da vueltas alrededor del Sol.

Carnívoro
Animal que se alimenta de otros animales.

Coprolito
Excremento fosilizado de animales antiguos.

Dinosaurio
Reptil antiguo. La palabra, de origen griego, significa
«lagarto terrible».

Ecosistema
Lugar donde vive una comunidad de seres vivos, que se relacionan
entre sí y con su entorno.

Extinción
Desaparición de una especie viva de la Tierra.

Fósil
Restos o huella de una planta o animal prehistórico, incrustados en una roca.

Gastrolito
Piedra pequeña que se tragan algunas aves, reptiles y peces para facilitar la digestión.

Herbívoro
Animal que se alimenta de plantas.

Incubar
Acto mediante el cual ciertos animales (sobre todo las aves) se sientan sobre sus huevos para mantenerlos calientes antes de que eclosionen.

Omnívoro
Animal que se alimenta tanto de plantas como de animales.

Ornitisquio
Dinosaurio con una pelvis similar a la de las aves.

Paleontología
Ciencia que estudia la vida prehistórica.

Pangea
Antiguo supercontinente formado por la unión de todas las masas terrestres del planeta.

Panthalasa
Superocéano que rodeaba a Pangea.

Pterosaurio
Reptil volador prehistórico.

Saurisquio
Dinosaurio con una pelvis similar a la de los reptiles.

Superdepredador
Criatura en la cima de la cadena alimentaria, sin ningún depredador natural que lo amenace.

TRIVIASAURIO

¡Pon a prueba tus conocimientos sobre los dinosaurios!

Puedes encontrar las respuestas al final de la página, ¡pero no hagas trampas!

1. ¿Cuándo aparecieron por primera vez los dinosaurios en la Tierra?
- A) Hace 145 millones de años
- B) Hace 245 millones de años
- C) Hace 345 millones de años

2. ¿Qué significa la palabra «dinosaurio»?
- A) «Reptil maligno»
- B) «Criatura colosal»
- C) «Lagarto terrible»

3. Un dinosaurio herbívoro se alimentaba de plantas. ¿Qué comía un dinosaurio carnívoro?
- A) Otros animales
- B) Plantas y otros animales
- C) Frutas

4. ¿Cuál era la longitud de un _Stegosaurus_?
- A) 1,9 metros
- B) 9 metros
- C) 19 metros

5. ¿Cuántos dientes tenía el _Giganotosaurus_?
- A) 56
- B) 36
- C) 76

6. ¿Dónde se descubrió el _Velociraptor_?
- A) Mongolia
- B) Marruecos
- C) Madagascar

7. ¿Cuánta caca hacía el _Argentinosaurus_ al día?
- A) 4 kilos (el peso de 22 plátanos)
- B) 40 kilos (el peso de 28 cocos)
- C) 400 kilos (el peso de 60 sandías)

8. ¿El nombre de qué dinosaurio significa «lagarto buena madre»?
- A) Megalosaurus
- B) Microraptor
- C) Maiasaura

9. ¿Cuál era la envergadura de la libélula prehistórica _Meganeura monyi_?
- A) 75 centímetros
- B) 75 milímetros
- C) 75 metros

10. ¿Qué gigantesca criatura marina medía 20 m de largo y pesaba 80 toneladas?
- A) Deinosuchus
- B) Ichthyosaurus
- C) Archelon

11. ¿Cuál era el tamaño del asteroide que colisionó con la Tierra hace 66 millones de años?
- A) Entre 5 y 10 kilómetros de ancho
- B) Entre 10 y 15 kilómetros de ancho
- C) Entre 20 y 25 kilómetros de ancho

12. ¿Cuáles de las siguientes son pistas fósiles?
- A) Coprolitos
- B) Dientes
- C) Pisadas

Respuestas: 1.B, 2.C, 3.A, 4.B, 5.C, 6.A, 7.C, 8.C, 9.A, 10.B, 11.B, 12.A y C

48